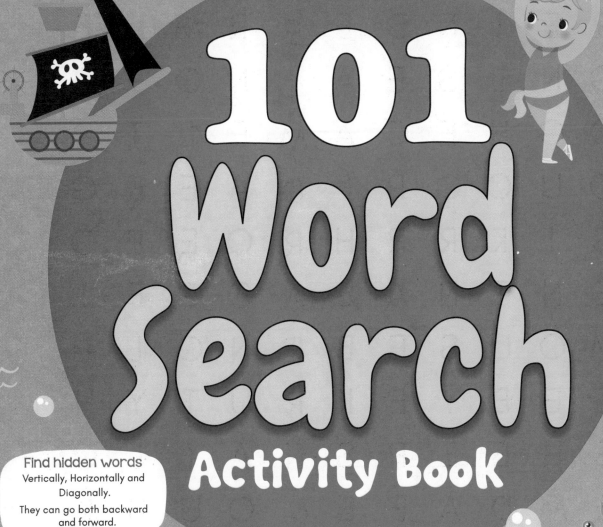

101 Word Search
Activity Book

Find hidden words Vertically, Horizontally and Diagonally.
They can go both backward and forward.

Wonder House

Animals

```
S P O R K F I S H B L
R E I N D E E R M U E
G N L S E A L N O T S
O G H E C A M E L T R
O U C O P F D A E E G
S I K R R H R O E R O
E N T N A S A O G F I
M O U S E B E N G L L
E E B Y E K R U T Y H
S H E E P S N A I L C
E M D A E E M O U S K
```

Ant	Bee	Crab	Dog	Fish
Camel	Frog	Goose	Horse	Mole
Mouse	Sheep	Snail	Penguin	Elephant

On The Farm

```
C H A S T S H E E P E
H A Y S T A C K U X V
I H A R R O W Y A B A
C A T T L E X O C D I
K K R R L E V O H S C
E C A L N L P O S T K
N U C B U F F A L O S
R D T N F E N C E A A
A H O E C R O P O P O
B O R G R A S S U H E
E U V D T N R D T N F
```

Dog	Crop	Duck	Sheep	Buffalo
Hoe	Barn	Cattle	Shovel	Harrow
Well	Grass	Fence	Tractor	Haystack

Underwater World

S C U B A D I V E R C U
U L N C A R S E L S U
B O D R O W H A L E R M
M B E O S T A E E A O
A S R P L A R O C B A R
R T S E C N K O U E B
I E E P V U P N R D E
N R A O C T O P U S I
E C R A B F I S H R S
P L A N K T O N A B H
O C P N R D E C R A A

Fish   Eel   Scuba   Plankton   Whale

Crab   Coral   Diver   Undersea   Octopus

Tuna   Shark   Seabed   Submarine   Lobster

Underwater World

S	K	T	R	O	U	T	T	O	N	Y
E	D	P	H	S	Q	U	I	D	J	F
A	N	K	O	Q	S	H	A	L	E	L
B	A	R	C	L	S	C	S	O	L	A
E	E	A	O	U	A	S	H	Y	L	G
D	C	H	D	R	L	F	E	S	Y	O
O	O	S	J	C	M	M	L	T	F	O
A	F	A	S	H	O	T	L	E	I	N
E	N	I	B	I	N	R	G	R	S	H
F	L	Y	I	N	G	F	I	S	H	C
D	I	V	I	N	G	W	A	T	E	R

Cod	Ocean	Shell	Salmon	Jellyfish
Diving	Lagoon	Squid	Oyster	Flyingfish
Water	Shark	Seabed	Urchin	Trout

Colors

```
H M Y Z X O R A N G E
I A B R O I A L D C U
T G R E E N W B M N L
E E O D P D K C A L B
T N W P I N K C O V A
A T N H U G R A Y D E
L A R I R O K H A K I
B O H T P U A B N B E
C S Y E L L O W C H P
L Y X T E L M O S P T
K C O V C S Y E L D C
```

Pink   Blue   White   Cyan   Red
Black   Purple Indigo Khaki   Green
Orange Yellow Brown   Gray   Magenta

Shapes

```
R  R  H  O  M  B  U  S  T  A  R  C
E  R  A  U  Q  S  H  B  T  A  T
C  I  R  C  L  E  A  N  S  H  A
T  R  A  P  E  Z  O  I  D  E  N
A  N  O  G  A  X  E  H  I  P  H
N  E  L  L  I  P  S  E  A  T  E
G  O  C  O  N  E  U  A  M  A  A
L  A  V  O  R  S  Q  R  O  G  O
E  L  G  N  A  I  R  T  N  O  N
C  R  E  S  C  E  N  T  D  N  S
U  Q  S  H  B  E  L  G  S  Q  R
```

Star	Heart	Diamond	Crescent	Trapezoid
Cone	Square	Triangle	Rhombus	Heptagon
Oval	Circle	Ellipse	Hexagon	Rectangle

Flowers

```
B X G L A D I O L U S
L I O B P A N S Y B N
U R O S E H S U T A P
E I A T U L I P E D O
B S L N L I L A C I D
E X O P D A I S Y H A
L I D O F F A D R C H
L I L Y U A S T E R L
C A R N A T I O N O T
R E W O L F N R O C F
I S Y H A C A R O F F
```

Tulip   Pansy   Lily   Daisy   Cornflower

Daffodil   Lilac   Iris   Dahlia   Gladiolus

Bluebell   Orchid   Rose   Aster   Carnation

Insects

```
M O S Q U I T O O X Y T
B B I S P I D E R O R O E
U U L A D Y B U G H R
T G K C R I C K E T F
T O W A S P E B E E L
E L O U S E T L O P B
R D R A G O N N F L Y L
F A M F L E A A F L Y F
L B E E T L E S X T F
Y B U M B L E B E E X
P E B A M F R D R A G
```

Spider	Wasp	Ant	Silkworm	Mosquito
Flea	Beetle	Bug	Butterfly	Dragonfly
Louse	Cricket	Bee	Ladybug	Bumblebee

Camping

```
O T E N T D E L M N P
R R B O T T L E O G O
T A L W G H B A G P L
T S W A T E R I J G E
I H L A N T E R N L S
O B L A N K E T O P I
L A T N M V S T O V E
L G F O O D R I A H C
T F I R E W O O D N U
F M A T T R E S S O P
R I A H C L W G M A T
```

Tent   Poles   Cup   Pot   Lantern

Blanket   Chair   Stove   Bag   Trashbag

Mattress   Bottle   Water   Food   Firewood

Family

```
D F A T H E R C C E M
A A B D M O T H E R C
U G Z R E T S I S E C
G R A N D P A L Y L O
H A U N C L E D X A H
T N I E C E U R T T T
E D B R O T H E R I G
R M W E H P E N S V H
X A U N T O P O H E T
P A R E N T V S R U E
E U R T T U G Z R E R
```

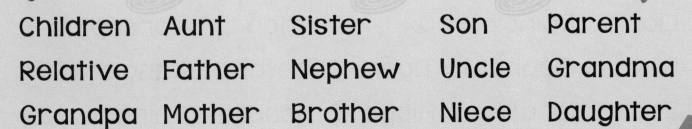

Children	Aunt	Sister	Son	Parent
Relative	Father	Nephew	Uncle	Grandma
Grandpa	Mother	Brother	Niece	Daughter

Zoo Animals

```
K L P Y T H O N A B L
A I R H I N O C D T G
N O P P I H E F G N A
G N C H E E T A H A R
A R B E Z S L O T H S
R E N I P U C R O P U
O X H G I R A F F E R
O G T I G E R F I L T
C H I M P A N Z E E I
C R O C O D I L E J I
E T H A O X H G I R E
```

Lion   Rhino   Ox   Python   Porcupine

Sloth   Elephant   Tiger   Cheetah   Kangaroo

Zebra   Giraffe   Hippo   Crocodile   Chimpanzee

Birds

```
K O T O R R A P S B G
I X Y N A W S E W U F
N F C R A N E A A L W
G A R A C D A C L L L
F L A M I N G O L F W
I C D I E O U C O I O
S O E L O R L K W N P
H N N S T E L U L C E
E V O D U H H D W H A
R E K C E P D O O W C
P I G E O N D U C K O
```

Duck	Heron	Swallow	Flamingo	Parrot
Crane	Dove	Seagull	Kingfisher	Raven
Pigeon	Falcon	Peacock	Woodpecker	Bullfinch

Clothes

```
B I S U I T P A N T W
O S W I M S U I T A P
W M E A F H L C E O E
J E A N S I L A K C R
U Q T N K R O R C T V
M K E R I T V D A S M
P S R O R H E I J J I F
E D U L T B R G T A S
R E Z A L B D A C W K
V X L E G G I N G S I
H G T A S R O R H E R
```

Bow   Skirt   Jeans   Pullover   Jacket

Suit   Shirt   Sweater   Leggings   Cardigan

Pant   Blazer   Jumper   Waistcoat   Swimsuit

Toys

```
I A P U P P P M Y O Y O L
L F C S C R A B B L E R E
R T B O A R D G A M E E
O E P R M A R B L E S S
R D L T M D O L L J M
A D R O B O T Z K U B
M Y Q Y O O Z T R D G
E B Q C E U S D H N E
J E I A P U P P E T T
U A A R B L O C K S I
D R U B B E R D U C K
```

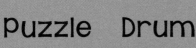

Kite	Ball	Yoyo	Toy Car	Teddy bear
Blocks	Doll	Robot	Marbles	Rubber duck
Puzzle	Drum	Puppet	Scrabble	Board Game

Circus

```
R O P E W A L K E R S
I S W C L O W N A T G
N G Y M N A S T H R C
G J U G G L E R O A E
M A G I C I A N R P R
A P A R A D E D S E W
S U N I C Y C L E Z L
T I C K E T F U N E N
E L E P H A N T C W G
R T R I C K L I O N C
H A G G L E T I C K A
```

Fun	Clown	Horse	Juggler	Trapeze
Lion	Ring master	Ticket	Gymnast	Unicycle
Trick	Rope Walker	Parade	Magician	Elephant

Pirates

```
A T R E A S U R E O T
D R I N K S E R S I C
V P I H S R Y P A M R
E P T B A O E E I C E
N A X A E T P G L A H
T R S R S C A L I P R
U R P R H A T E N T O
R O O E G V C G G A T
E T T L I E H K S I C
H O O K H A N D C N A
L I P R H S R U R P R
```

Map   X Spot   Captain   Peg Leg   Treasure

Ship   Drinks   Parrot   High Seas   Eye Patch

Cave   Barrel   Sailing   Adventure   Hook Hand

Birthday

```
G O S D N E I R F M E R
R W I S H E S E S E N U S
E R P C A N D L E S G
E S P A R T Y A M I T
T T C A R D S T F C I
I N V I T A T I O N N
N U N J O Y Z V O C G
G I F T S X Y E D A B
B A L L O O N S O K O
S H O P P I N G P E I
D L E S C A I T A T A
```

Joy	Party	Friends	Gifts	Shopping
Cake	Cards	Wishes	Balloon	Relatives
Food	Music	Greeting	Candles	Invitation

18

Halloween

```
S K E L E T O N G L S
V K L O G I F T S A L
U R U N I C A K E N H
L S O L W I T C H T G
T P H M L B H P I E G
U T G C A N D Y B R M
R Q G H O S T E R N C
E A M A S K S K O D I
C A N D L E L C O J B
P U M P K I N S M F N
T E R N U N A M A S S
```

Skull	Pie	Cake	Candle	Skeleton
Ghost	Gifts	Candy	Broom	Lantern
Ghoul	Masks	Witch	Pumpkins	Vulture

Fashion

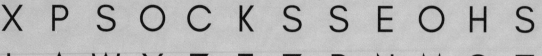

```
X P S O C K S S E O H S
L A W Y Z T T Z P N M Q Z
C N V S H I R T M S J T
U T B U X J B I O E A F
S W E A T E R U K S C M
L E X R S H O R T S K A
T Y H C T A W S O A E N
B R A C E L E T X L T S
V B I I H V Q D E G W N
G X T H Z C C C O N H A
B U T X S D P M O U B E
Y P Y F C T M C V S W J
```

Pant   Shirt   Shorts   Jeans   Tie

Skirt   Watch   Jacket   T-Shirt   Vest

Shoes   Socks   Sunglasses   Bracelet   Sweater

City

```
B U I L D I N G S H L E
H M A R K E T Z T O G O
O H K E L I A O R S A R
U J M O N G L O E P E C
S P A R K S F Q E I S B
E D C I F F A R T T S R
S B V E N D O R S A C T
S C H O O L M A L L M I
C O L L E G E S F S E A
B U S P C A R S A C R K
R T T S E D C I F N D M
T S E D C I F S A R T A
```

Car	School	Flat	Houses	Buildings
Bus	Traffic	Zoo	College	Hospital
Mall	Park	Tree	Market	Vendors

Railway Station

```
C V V L X S M N I A R T
O E B X L A N G I S K F
N F B C E T H J T T E A
D X C T O P L T K Z C E
U R S R P A R A W Z E L
C O N R O A C H O K R B
T B G O C S I H E C A A
O J A K I S S N Y S F T
R J N O T T I I R U F E
R A I L K G A Z N E O M
K A E X N X R T U G W I
Y W L E S E I D S I S T
```

Snack & Drinks

Train	Coal	Track	Rail	Conductor
Fare	Coach	Whistle	Station	Crossing
Diesel	Signal	Engine	Steam	Timetable

Airport

```
Q Y U D S T O L I P H X
C U A X E D F C G D A N
O N I K C E H C E E R S
C G R V U R T M E P R T
K X H R R E X B N A I U
P L O T I N B G A R V O
I U S I T N F W L T A K
T G T C Y A O V P U L C
B G E K U C O P R R P E
R A S E W S D O I E M H
Q G S T X U R I A H C C
K E A Q T E T A G P G G
```

Food   Pilot   Luggage   Airplane   Check In

Gate   Ticket   Cockpit   Departure   Scanner

Chair   Arrival   Security   Airhostess   Check Out

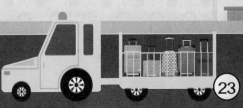

Kitchen

```
J A P L A T E T E J D F
P Z E O O R E F I N K O
B H J N T E S I T C P R
J P G I N D V S E U Q K
H S X L V N L E A P F P
F C X B W E T E P L U A
H X Q W A L P N O C G N
F M W S C B Q O T Q R M
W P Y H G R E T S A O T
V E A K I R M I X E R B
M R N B M S K E T T L E
D N O O P S K O L U D F
```

Knife	Pot	Fork	Kettle	Teapot
Toaster	Plate	Cup	Glass	Blender
Whisk	Spoon	Tongs	Mixer	Pan

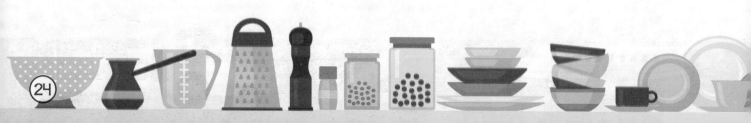

Baked Goods

```
T W G F Z M B R E A D S
E I N W O R B N O M N D
K L L G W R B T G H N E
A A L U U U C N T R A T
C Z D S N O I B E Y O T
P Z K U O D T K K R U J
U I M K D I C N A T I S
C P I U U A E I C S F W
H E P C R Y T F U A U K
M E S C A A O F D P P W
D I X X O E I U F W T Y
B P P P K V P M U D U E
```

Cake	Cookie	Biscuit	Bun	Brownie
Tart	Cracker	Pizza	Rusk	Cupcake
Pie	Pastry	Muffin	Bread	Pudding

Furniture

```
T S E H C D H F L E H S
H Y W Z O H D W S G F F
T B O O K C A S E G V Y
E Z U R L N G I I H A R
N G M E O E G M R H R D
I L M E O B A P I T M R
B L I I T A L J B A C E
A Z R T S S M S J B H S
C O R Q T T I O D L A S
G P O W O O R F K E I E
I I R A O O A A Z L R R
X P F W F L H B E D O X
```

Chair	Table	Dresser	Cabinet	Stool
Sofa	Mirror	Footstool	Bookcase	Bed
Shelf	Almirah	Armchair	Bench	Chest

Hand Tools

```
R A V W R E N C H R C J
D E S O L L I R D H S U
W O D G A U E S I V H H
Q L N D R U B S Q A O C
H E J I A E E Z V D V C
J W X J O L M Y A X E L
G O I P C W T M R C L A
Q R L H A C K S A W O M
Q T S R E I L P J H W P
C Q V R Z S T A P L E C
F C R O W B A R L O Q J
B U X H C N E B K R O W
```

Axe	Crowbar	Clamp	Staple	Ladder
Drill	Hacksaw	Trowel	Wrench	Chisel
Pliers	Workbench	Vise	Shovel	Hammer

Time

```
R U O H V X P K K Q Q Y
R F U T U R E A R P T A
C A B M O N T H F K B D
T X E P R D N O C E S R
V Q K Y R N O O N W I P
B T B W D E R O A F K L
A V Q Y G E S T Y H O O
T Y O Z T A C E P M A K
S S U R E H F F N G P F
K B A S J M I N U T E W
R U H P E W X J E N Z S
Q N I G H T K E E W I U
```

Year	Month	Season	Second	Minute
Night	Quarter	Future	Past	Watch
Week	Noon	Hour	Day	Present

Solar System

```
M O O N F Q S T E M O C
H F D M D C Y U E K W Y
T K O E T Q T E N A L P
R N C R N R X I M A G F
A R E C N U A E Y N R L
E U B U R E T I P U J U
X T S R K E J P D Y S L
V A Y Y O W Y L E D U I
D S D R M A R S R N N X
L H G R A V I T Y V E D
T O B C W B N X J V V Y
W I Q O O R B I T N E F
```

Sun   Venus   Mercury   Comets   Mars

Planet   Uranus   Orbit   Jupiter   Earth

Meteor   Saturn   Neptune   Moon   Gravity

Car Parts

U Y E B K C L E U E G N
F I J N C I Q V U U W E
S T H G I L D A E H R I
S X W O O G T J X Y H K
U H Y G B S N O T V S V
B V B M Y R B E I A U L
U R C E Z O F O X D G W
M O K N U R T L N N A H
P O R G W R E R C N Z R
E F X Q W I N D O W E Q
R E P I W M Y V Q O Z T
T L E B T A E S G E D K

Bumper   Bonnet   Mirror   Axle   Seatbelt
Door   Headlights Wiper   Window   Trunk
Tyre   Radio   Engine   Roof   Keys

Sewing Machine

```
Z I P P E R A S P O O L
A C I R B A F J Q F W Y
T F T G K I D D I A X E
T W N E E D L E O F R D
W S B A C K S T I T C H
B K H Q N R N Y S E A M
U S W J W N R E T T A P
T C O Q E L B M I H T T
T B O N C H A L K T R N
O H C T I T S S E P A T
N T H P U W Z Y P I N S
M P A T C H Q J Q D N E
```

Backstitch	Thimble	Fabric	Chalk	Pins
Spool	Stitch	Zipper	Awl	Needle
Button	Pattern	Seam	Tape	Patch

Water

```
H W Z U A P R T Z S B L
E W C Z C R E E K E V A
L G N I R P S Q S A N N
D B C Y T Q E T W G O A
D R O B J S R J J R G C
U E C R T E V S H R L Y
P V E U A Y O Q O H K O
P I A M X U I B A Y G M
J R N R J D R Q I E M G
Y L O O P A N C K K P I
T P J W H Y K O G A P R
O A H R U G Q Z P L L N
```

Bay   Pond   Reservoir   Pool   Creek

River   Puddle   Estuary   Ocean   Sea

Lake   Stream   Spring   Canal   Harbor

Fruits and Vegetables

```
B E Z D M M R V W C E F
J F L T V A H C A E P A
V M Z I D I F B T G C I
Y I A I W R B I E C E O
E F S N E A O K R G Y T
P H X G G O T P M P S A
A Z N E G O M J E A A T
R I D N M U G A L R N O
G F R A L W R O O W A P
P O T P D A T E N O N I
C O C O N U T M K A A I
L W X T Q L W G X V B P
```

Corn	Grape	Pear	Peach	Mango
Plum	Radish	Date	Ginger	Potato
Tomato	Banana	Coconut	Watermelon	Cabbage

Weather

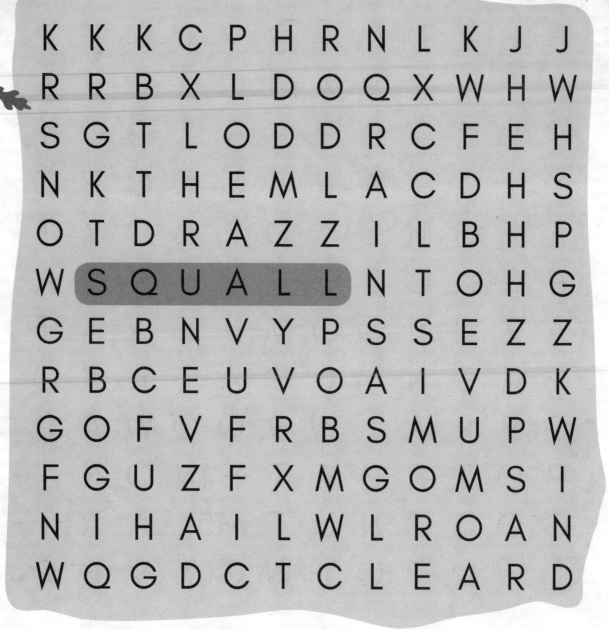

```
K K K C P H R N L K J J
R R B X L D O Q X W H W
S G T L O D D R C F E H
N K T H E M L A C D H S
O T D R A Z Z I L B H P
W S Q U A L L N T O H G
G E B N V Y P S S E Z Z
R B C E U V O A I V D K
G O F V F R B S M U P W
F G U Z F X M G O M S I
N I H A I L W L R O A N
W Q G D C T C L E A R D
```

Mist   Rain   Wind   Smog   Hot

Clear   Calm   Fog   Blizzard   Frost

Snow   Squall   Dew   Cloud   Hail

Garden

O P U K P M D O B Q Z O
V S J S N A I L B J M I
E I N P S D U S T B I N
K W G S E E D S S A R G
A W O R R A B L E E H W
R E L K N I R P S O U H
R S R E W O L F H D H Z
D E H S K L Y G K X B N
N E S U O H N E E R G L
Q R E W O M N W A L J U
F E R T I L I Z E R S H
T R O W E L T R E E I X

Wheelbarrow Grass   Seeds   Dustbin   Flowers

Lawnmower   Rake   Trowel   Shed   Hoe

Greenhouse   Snail   Fertilizers Sprinkler Tree

Art

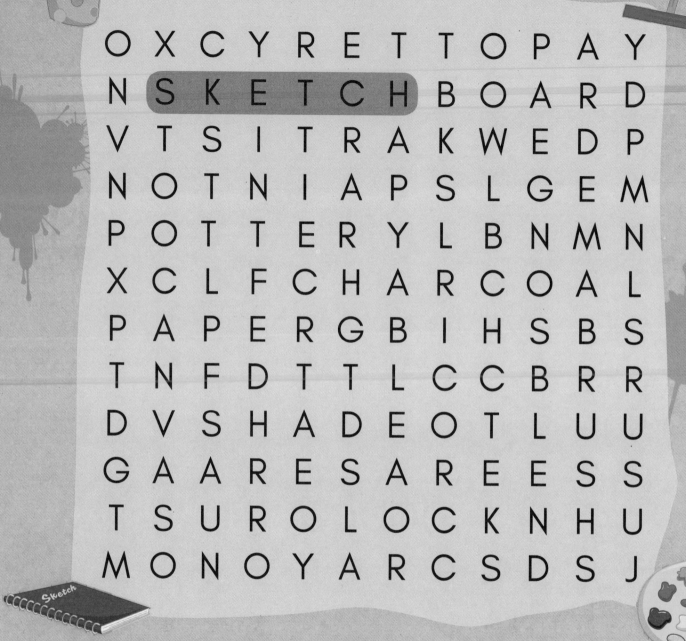

O X C Y R E T T O P A Y N
N S K E T C H B O A R D D
V T S I T R A K W E D P
N O T N I A P S L G E M
P O T T E R Y L B N M N
X C L F C H A R C O A L L
P A P E R G B I H S B S
T N F D T T L C C B R R
D V S H A D E O T L U U
G A A R E S A R E E S S
T S U R O L O C K N H U
M O N O Y A R C S D S J

Brush   Pencil   Paint   Board   Color
Artist   Sketch   Eraser   Pottery   Blend
Crayon   Canvas   Paper   Shade   Charcoal

Dance

```
B W G R I F P E X L M J
O Y B V R U M B A M G Y
E Q E A B N O A W F U L
I L L H A X G L I M B O
Z U L U L N N L K H U S
H O Y L L K A E R B S A
B P N A R U T T J Z W L
O O H H O D V Y Z H I S
L H I K O E A D N F N A
E P Z U M B A U B A G R
R I L I N E T X Q W F U
O H B U R V T S I W T N
```

Salsa	Swing	Hiphop	Belly	Twist
Bolero	Break	Tango	Ballroom	Hula
Zumba	Ballet	Limbo	Rumba	Line

Building

```
K Y Y S I U F R I R Q Q
J V R W H T E K R A M G
V D H A C M S L F W L R
O S H R R K M H O U S E
P E W E U B C A S T L E
C R S H H Q I U L C X N
A O X O C C P L B L N H
B T P U F A C T O R Y O
I S W S M M U S E U M U
N C M E X K K A E I Z S
U C S T A D I U M P J E
S C H O O L U K N A B Y
```

Bank	House	Castle	Mall	School
Church	Stadium	Store	Market	Warehouse
Factory	Cabin	Museum	Library	Greenhouse

Street

```
E W D Q N E L C Y C I B
D Q Y C Z T S C H O O L
P P A A G S X U W Z N H
O H W F Y O Q C O E U T
H O B E W P K O T H R P
S D U T V P O L K A O K
U U S E Y M L L T Q O N
J V W K P A V E M E N T
F Q Q R C L E G T T X E
C A R A I R Z E T O J K
P H V M T Z E F A N H I
S B W S I T A X I A Q B
```

Shop	Subway	School	Taxi	College
Hotel	House	Car	Pavement	Market
Bicycle	Cafe	Bike	Lamp Post	Street Art

Winter

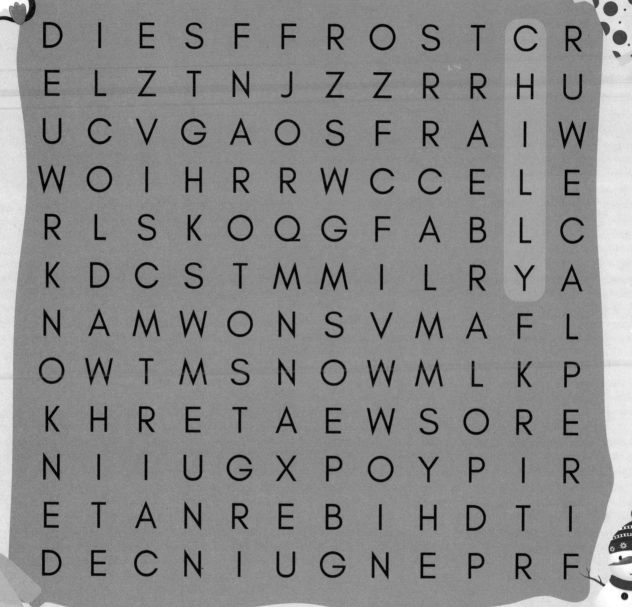

```
D I E S F F R O S T C R
E L Z T N J Z Z R R H U
U C V G A O S F R A I W
W O I H R R W C C E L E
R L S K O Q G F A B L C
K D C S T M M I L R Y A
N A M W O N S V M A F L
O W T M S N O W M L K P
K H R E T A E W S O R E
N I I U G X P O Y P I R
E T A N R E B I H D T I
D E C N I U G N E P R F
```

Chilly   Cold   Penguin   Polar bear   Migrate

Ice   Frost   Fireplace   Scarf   Snowman

Snow   White   Hibernate   Snowflake   Sweater

Summer

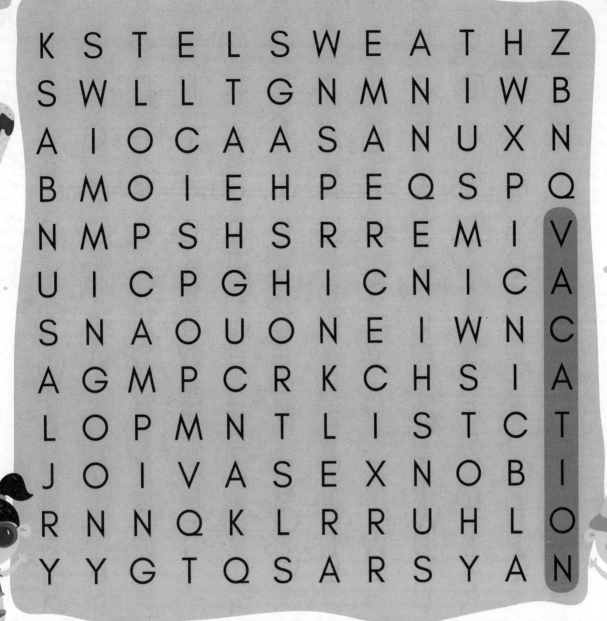

K S T E L S W E A T H Z
S W L L T G N M N I W B
A I O C A A S A N U X N
B M O I E H P E Q S P Q
N M P S H S R R E M I V
U I C P G H I C N I C A
S N A O U O N E I W N C
A G M P C R K C H S I A
L O P M N T L I S T C T
J O I V A S E X N O B I
R N N Q K L R R U H L O
Y Y G T Q S A R S Y A N

Pool	Popsicle	Sweat	Shorts	Camping
Hot	Heat	Vacation	Swimming	Sunshine
Picnic	Ice Cream	Swimsuit	Sprinkler	Sunbask

Transportation

K C U R T T G T K G E E
Y O O A A Z R V H D L G
X W P S F A A A L F C L
A A M X M B I N I B Y C
Z Y E S I U R C D N C S
A B T E A S P G D Q R U
X I H K D D L W V Y O B
K C O N Q F A G R V T W
I Y S H I P N R T I O A
E C C J X S E A W X M Y
D L I W D F O B E C A R
L E A P E B W C T Q A L

Tempo   Boat   Airplane   Tram   Ferry

Ship   Car   Bicycle   Cruise   Truck

Bus   Van   Subway   Motorcycle   Train

Water Sports

```
X  B  R  O  U  T  G  W  K  E  K  F
C  O  E  F  L  Y  B  O  A  R  D  S  S
G  A  T  G  Y  O  X  D  G  S  I  U
N  T  A  N  A  J  P  S  L  A  D  R
I  I  W  I  C  L  E  R  X  I  I  F
L  N  N  E  H  G  C  T  E  L  V  I
E  G  E  O  T  N  R  O  S  T  E  N
K  V  P  N  I  I  I  O  S  K  A  G
R  W  O  A  N  T  R  O  W  B  I  W
O  M  M  C  G  F  R  N  V  I  I  Y
N  P  O  X  K  A  Y  A  K  I  N  G
S  M  I  W  S  R  Z  X  T  X  M  G
```

Swim	Canoeing	Flyboard	Waterpolo	Jetski
Dive	Kayaking	Rafting	Boating	Rowing
Sail	Snorkel	Yachting	Openwater	Surfing

Party *

```
P  J S M B M B D O O F M
A  K S E S S A L G U Z K
P  R S T H G I L L W D G
E  I S T A H Y T R A P V
R  B P A X U P T E E W S
C  B B P H W A R T S M T
H  O F I R E W O R K S T
A  N R B A L L O O N D C
I  C A N D L E R P O B A
N  S T N E S E R P N U K
Y  V E T A L O C O H C E
K  O C A N D Y L V R Y W
```

Balloon   Fireworks   Lights   Candle   Paperchain
Sweet   Chocolate   Straw   Food   Party Hats
Cake   Presents   Ribbon   Candy   Glasses

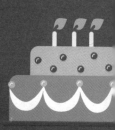

44

New Year

```
I S R E E H C X F C M M M
C E L E B R A T I O N T
R Q J J C A S M R U G H
E P A R T Y W S E N O O
S S M C E M F N W T A L
O E U A T I A O O D L I
L M S L F D M O R O S D
U A I E X N I L K W X A
T G C N E I L L S N G Y
I O C D S G Y A E S Y T
O Q T A W H C B Q K I T
N S E R N T Z E V E S Q
```

Party   Fireworks   Midnight   Goals   Celebration

Games   Balloons   Holiday   Eve   Countdown

Family   Resolution   Calendar   Cheers   Music

Hospital

```
W A R S Z U L B W T Q W
A R X E R E O D A H L G
T L X N O S O O I E W Z
C I R I T R W E T R H S
H F W C I U N G I M E S
P T R I N N O A N O E U
I P O D O O T D G M L R
L T T E M K T N R E C G
L S C M G O O A O T H E
S A O I F Y C B O E A O
W C D C N U Z X M R I N
Y Q W U S E H C T U R C
```

Nurse   Wheelchair ICU   Lift   Cotton Wool

Crutches Bandage   Cast   Monitor Waiting Room

Doctor   Medicine   Watch Pills   Thermometer

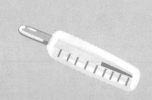

Library

```
A I D E P O L C Y C N E
E V R E S E R N O V E L
K R F U G O L A T A C Z
N E V S K O O B A I F L
N A W E F I C T I O N S
C D I N T E R N E T Y H
H C S R N L Y I A U R E
A R T S A I X B U T O L
I V Q J B R L Q P E T V
R V A K Y E B L U I S E
L L B A S Y E I D U I S
F Z L G O L R V L Q H Y
```

Tables	Chair	Quiet	Arts	Fiction
Read	Internet	History	Reserve	Librarian
Novel	Shelves	Catalog	Books	Encyclopedia

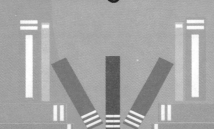

Park

```
V F F R K C A R T R B F
F R E X C H I L D R E N L
W D Q H T F U E Y B M O
T I T R I C Y C L E Z W
B L X L T S C Y C N M E
I S B R I S A I Z C C R
R J E U U E A G N H H B
D E F B M E P N B C L E
S R Q L G S A I D N I D
G O A A I A T W O P N P
W K E Y U W H S G P I J
E H J G A T E H M O V T
```

Birds   Path   Sandpit   Trees   Flowerbed

Dog   Track   Seesaw   Gate   Children

Slide   Picnic   Tricycle   Lake   Swing

pets

P L N T X Z Z Q A T E D
G E U Z I K E N N E L Y
I T R E A B O L C E L P
P H F E Q V B A O E O P
A A U C T H S A W T N U
E X P A O S S H R D I P
N O I M W L M I U J O C
I M H E K X L A F B O G
U T S L Z G V A H U J Z
G A Z G O E Y I R L Y R
G C Q A T C H J V L Q U
A K T S S S R Z B I B C

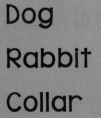

Dog	Goat	Vet	Kennel	Puppy
Rabbit	Camel	Cow	Ship	Hamster
Collar	Cat	Fish	Bull	Guinea pig

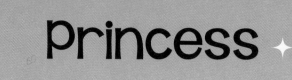

Princess

```
S S X L E Z N U P A R D
A A U R O R A N I A M W
M R A I K O E O N H C C
H I T N A G T O K N P I
X E H E N R I E T T A N
S L C N N F H N M Q G D
C M A A A B W I S M P E
G P N L Y E W M A R F R
O E A U A L O S B A T E
R E I M Z L N A O H V L
K Y D O M E S J Z F W L
G I S E L L E A S L E A
```

Elsa	Ariel	Giselle	Fiona	Jasmine
Belle	Mulan	Aurora	Rapunzel	Henrietta
Aiko	Anna	Diana	Cinderella	Snow white

Story Words

```
P M P U S T H G I N K D
V A M P I R E F A I R Y
G W I Z A R D P H N O C
Y M I D I Y R S Q N S A
C A C R E T S N O M R S
M G G O T P X B C O N T
H I H W A P D H I E L L
M C O S R E Y R E R Z E
J W S Q I T R U I Z A X
M A T F P A Q A K I N G
H N O M W M E R M A I D
T D X U N I C O R N K W
```

Fairy	Mermaid	Wizard	Ghost	Knight
Queen	Unicorn	Sword	Castle	Monster
Warrior	Vampire	Pirate	King	Magic wand

Spring Time

```
C R S E I S I A D E N E
A N S A G B N M X B N K
T Y A L R I G S H P E M
A U P Q A N I X R E C B
Y D L R S T U F S R T M
N M I I S R E S D E A A
N A N D P F E P U N R R
Z Y G O F S I T B N H C
C X S Z G E Z F S I C H
D S R E W O L F D A W L
Y R E N E E R G M L E X
U N K A P R I L W X V L
```

March	Rain	Flowers	Greenery	Buds
Petal	April	Nectar	Saplings	Grass
Easter	Sun	Daisies	Perennial	Tulips

Trees

```
M C G X D B W D K U R L
U C E D A R E X A A E Q
A P A L M D P E S X D I
Y M H A O N I P C O L H
R H C R I B E H M H A C
A R H C T N N K A P I M
L D E H W Z I A H D A P
O I S V O X P O X P V Y
P H T P H J E W L W W E
K N N E V D R E W F N B
K F U W L I N D E N Z H
E G T E F M Z G H G B Z
```

Aspen   Birch   Alder   Beech   Chestnut

Linden   Larch   Fir   Polar   Pine

Oak   Maple   Elm   Cedar   Palm

Sound

H	Z	Y	L	W	M	L	U	K	Z	P	J	
S	X	W	E	T	G	K	Z	H	U	Z	M	
I	E	K	X	B	L	N	C	G	A	O	Z	
W	V	F	X	B	L	O	W	I	P	O	H	
S	B	Q	J	O	T	C	H	S	L	M	S	
G	S	U	Q	H	N	K	S	J	O	C	U	
N	T	M	U	O	G	G	A	J	P	Q	G	
A	O	D	W	N	D	S	L	A	C	E	K	
B	Q	G	W	Q	Q	D	P	D	C	M	L	
K	T	O	H	J	H	U	S	H	V	I	R	
Q	E	L	K	C	A	R	C	E	E	H	Z	
F	I	E	L	Z	Z	I	S	X	G	C	I	

Bang	Blow	Splash	Swish	Zoom
Crackle	Thud	Knock	Click	Hush
Sigh	Plop	Sizzle	Gush	Chime

Music

```
C Y T X D C X V W G P S
Y T P E I N Z A S L M T
C E I T S S D Z P V S A
X M T U C O R R A M C L
W P C L O G A H N J I F
S O H F N H J C M M M O
I D L I S M M H A D A R
W Q R S S N T U W I N T
F T A O W Y I I H T Y E
S B U C H J J J D Q D Z
F N O R C H E S T R A R
D P C H O R U S M T I M
```

Pitch   Dynamics   Forte   Chorus   String

Jazz   Rhythm   Bass   Flute   Tempo

Flat   Orchestra   Sharp   Sound   Disco

Festivals

```
Q N X M K L I G H T S Z
H Q X X H A K K U N A H
D C O J O M Y A X U Y U
K E H H Z P R N C C O D
S Q C R F S A Z A T J I
T N L O I G R G R A N W
F E R N R S E D N B E A
I W E H U S T K I B G L
G Y T N S B I M V A F I
Y E S F U P L O A H M L
E A A L O C E F L S E O
K R E L A T I V E S F H
```

Easter	Holi	Christmas	Diwali	Carnival
Lamps	Enjoy	Hanukkah	Decor	Relatives
Shabbat	Gifts	New year	Lights	Literary

Holidays

```
F B G T R I P Y R R E F
B I U R B E F N I A R T
Z F I Z B C O U R I E R
N L D T J C K F A R E Y
G I E E H E G A G G U L
B G K K U K L T P L H L
R H B C W A Y O J Y F J
O T V I E J O U R N E Y
U U G T T H V R M Y F S
T W H R G P C I A K A T
E H R C U E A S P P N J
X T T U X H O T E L X N
```

Train   Ticket   Hotel   Check in   Flight
Fare   Route   Map   Tourist   Journey
Guide   Ferry   Trip   Courier   Luggage

Beach

```
J R L T I D E P O O L K
C U C S R S H E L L S S
C R Z O T A P Y W H W U
D N E F A G B Z E Z A N
O Y U T O S A D F Z V B
C X J D A O T M N O E A
K S I R K W D L E A S T
K U A I I N D R K S S H
S O Z N F T O H H C W I
K S M K D H H I T V Y N
K S E S S A L G N U S G
M O S T A O B O P T F B
```

Water   Food   Tidepool   Shore   Sandbar

Dock   Sand   Sunglasses   Coast   Shells

Boats   Games   Sunbathing   Waves   Soft drinks

Fishing

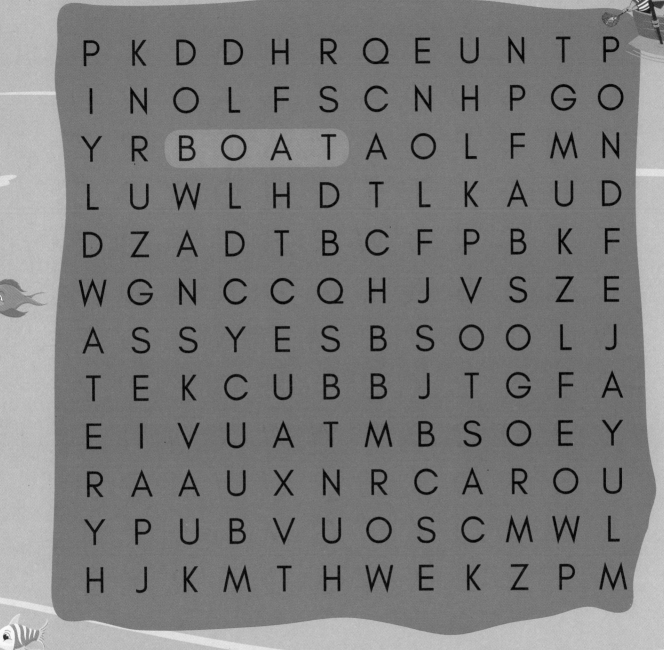

```
P K D D H R Q E U N T P
I N O L F S C N H P G O
Y R B O A T A O L F M N
L U W L H D T L K A U D
D Z A D T B C F P B K F
W G N C C Q H J V S Z E
A S S Y E S B S O O L J
T E K C U B B J T G F A
E I V U A T M B S O E Y
R A A U X N R C A R O U
Y P U B V U O S C M W L
H J K M T H W E K Z P M
```

Bait	Water	Hook	Stool	Splash
Cast	Boat	Rod	Bucket	Catch
Pond	Float	Worm	Lake	Canoe

Food

```
P E S E K A C N A P T S
U X S Q O A T S A P B D
O O R P I Z Z A E T P Z
S U I I T T E H G A P S
F A C X B W R S N M U Z
C R E S A L A D N A D F
W F I H Y P M T W J D E
P R N E K C I H C E I Z
T B Q Q D F W W N W N E
T S A O T E I W W H G H
R W N Q X O G M I L K T
C E R E A L S G E R X Y
```

Salad	Milk	Cereal	Jam	Pancakes
Pizza	Toast	Chicken	Soup	Spaghetti
Rice	Tea	Pudding	Pasta	Fried egg

Grocery Store

```
V F C U D Z Z M J X L A
G R A E Y A L P S I D I
G U R Q L E V K A N Z S
O I T Z W N E Z O R F L
R T O B S K G U R S Q E
E S N P C H E C K O U T
M S W D B R T E K S A B
O D B A O E A M Y A J G
T G Y I X C B U E Y E T
S Q U R E I L G L W K O
U H B Y S R E T A I L I
C P T S Q P S W S I A H
```

Sale	Basket	Buy	Carton	Customer
Aisle	Frozen	Retail	Fruits	Vegetables
Boxes	Display	Dairy	Price	Check out

Universe

```
A S T E N A L P B U Y G
G B M O O Y F L B N F Z
A R C I M S O C O Q W N
L S T A R S O L A R A F
A D T N O V A N L R O M
X W E T I L L E T A S I
Y Y A S T E R O I D S L
A U R O E T E M Q T T K
M N U S J H R N P I H Y
O E A R T H E O P B B W
O N E Z N R T Z O R G A
N P A Q U E T E M O C Y
```

Cosmic	Comet	Galaxy	Sun	Milky way
Orbit	Meteor	Earth	Nova	Asteroids
Solar	Planets	Moon	Stars	Satellite

Geography

```
M V Y Y Y R A T U B I R T
S N I A T N U O M P S K
U O U V L L H I L L S T
Q Y T S O U R U J F I S
B N W G N L S I U O A D
D A V C L I C N V O C O
Z C Y A D A A A I E U O
W V M E L U C L N N R L
U A E T A L P I P O E F
P B A S I N E E E P J P
V E D E L T A Y V R M B
Q H X I S L A N D Z C F
```

Basin	Island	Floods	Plateau	Glacier
Delta	Valley	Hills	Canyon	Volcano
Plains	Bay	River	Tributary	Peninsula

Dental

S R S R A L O M E R P W
F R S T E E T H R W E Z
B R A C E S X I S H L B
K D L L M D N E C X G C
D A Y X O S L S N F R O
F H T H E M Y R D A D A F
B R Q S Z T P U A Y G L
P N M V I F U N N C R M
A U T V L T I W H C H I
G N A O U X N G B K P E
K C S E O S D E J A W I
X S A Z T R I U D X E K

Braces   Root   Floss   Dentist   Teeth
Gargle   Molars   Jaw   Chew   Premolars
Nurse   Cavity   Ache   Gums   Rinse

Professions

```
R V A S T R O N A U T E E
D E N T I S T D I X S T
G R E T H G I F E R I F
E Q T Y T D O C T O R B
R E Y W A L I X W O P B
F K P I H B A K E R D J
E P O L I C E M A N S U
H B L A R T I S T O D D
C W A I T E R S B N I G
S C I N A H C E M O A E
G I M P O S T M A N M S
U R E T N E P R A C Z D
```

Baker	Chef	Doctor	Policeman	Mechanic
Artist	Waiter	Lawyer	Carpenter	Postman
Judge	Maid	Dentist	Firefighter	Astronaut

Bedroom

```
W F L O O R I X I B J E
B A E B O R C C R G B D
E C Q S X P L A C W O A
G G L R E S S E R D O L
H A C M K H Q G V P K K
P I L L O W T F A N E S
T L I U Q C J O E Y F T
F Q X N L T E L L A P H
Q U C O C N Q O O C F Y
S H C O B L A N K E T A
G K O E M K S T L A M P
R H D H X D R U G H K G
```

Blanket	Quilt	Lamp	Fan	Bed
Pillow	Clothes	Floor	Clock	Pallet
Dresser	Carpet	Robe	AC	Book

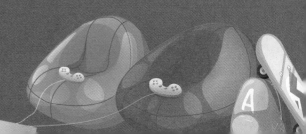

Bathroom

```
R R E A Y F D C Y I F D
G I E K F O C R Z C F E
E A O B O W W Z Q B W R
Y H B L O W I U B U Z E
S C N E P R D K F T B T
E R T W M D H U N H U A
R C I O A S M T I T C W
X I S T H B S A A A K J
P Q S W S P W P T B E N
A E U M I R R O R H T X
O O E N Y R U G U W A F
S O A P B Z Q G C D M H
```

Water	Rug	Mirror	Bucket	Shampoo
Curtain	Soap	Chair	Tissue	Bathtub
Towel	Tap	Mat	Geyser	Bathrobe

School

```
T E A C H E R E W F M N
U Y F R U B B E R G A G
X S E A C X R U L E R F
N T B Y S I K C H A L K
J U O O L I C N E P T N
Q D L N I B E T S A W B
H E G S E A S E L R K L
F N E S S C H A I R K M
H T F U D A X D E S K H
R G P R K O O B E T O N
D R A O B K C A L B P R
Z J I B O O K S D D J C
```

Rubber   Ruler   Crayons   Desk   Notebook

Pencil   Books   Board   Globe   Student

Easel   Teacher   Chalk   Chair   Waste bin

Computer

```
T B J U N F L W Z A E V
J N N I T O A D Y R R H
S M I I Y L L A H J I V
C K O R N D K T A G W G
R M E U P E E A L Y U O
E E X Y S R T A T B F O
E D V C B E S W H Y J H
N B K I S O M H O J Y R
W D I W R O A S O R V F
C W I P T D R R B N K H
Q P E S Q C E R D C K E
V C U B K N D Z I D E Y
```

CPU	Bug	CD	Web	Keyboard
Mouse	Data	Print	Drive	Folder
Screen	Wire	Disk	Ram	Network

Cricket

B	B	A	T	T	I	N	G	F	B	U	C
N	O	W	W	S	N	X	I	E	C	A	M
W	U	U	I	E	Z	E	Y	T	T	C	K
S	T	S	N	Z	L	W	I	C	K	E	T
E	G	K	W	D	W	B	H	U	T	S	Q
L	W	N	I	O	A	N	L	I	R	Y	R
E	V	N	I	L	E	R	M	E	I	E	Z
V	G	S	L	N	C	I	Y	O	L	Q	S
E	R	P	T	O	N	A	E	W	W	N	S
N	T	I	M	G	L	I	O	O	U	Z	J
B	U	N	S	P	W	B	P	R	Q	S	J
B	A	T	S	M	A	N	N	M	F	G	M

Batting   Ball   Batsman   Bowler   Innings

Timing   Out   Eleven   Catch   Boundary

Wicket   Run   Fielding   Spin   Players

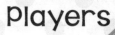

Baseball

```
N W V D E U G A E L X A
L A I R T Y G P D L C H
S S T E A L M R E I I P
D O U B L E M R O T J T
X R R T A B H I S U H F
W Q E D N O C E S R N Z
F J C H A M P I O N X D
Z D H N C O Z W P Z L B
D J O C F T L I N E U P
S C L U B T I K F A O I
J O W J S N S P I R F T
U O H E A D E R A D J H
```

Bat Throw Foul Hits Trial

Double Lineup Second Club Pitcher

Header Champion Ground Steal League

Container

M	G	I	B	W	N	J	A	R	L	O	V
O	R	Z	A	H	T	U	Y	E	B	U	T
F	L	L	R	S	S	E	R	X	C	E	E
L	R	N	R	U	C	S	K	E	O	K	K
A	F	G	E	S	D	H	Z	S	K	B	S
S	O	E	L	E	S	S	E	V	A	T	A
K	Q	T	Q	B	B	B	B	S	J	B	C
L	W	T	L	P	O	N	U	Y	T	O	Z
V	E	R	O	M	T	K	C	O	V	W	C
L	G	U	J	C	T	E	K	O	T	L	J
L	P	N	T	A	L	W	E	Z	Z	I	H
V	P	K	W	N	E	G	T	Y	P	T	V

Barrel	Flask	Box	Bucket	Jar
Bowl	Chest	Jug	Bottle	Tube
Can	Basket	Vessel	Casket	Trunk

Patterns

```
L R K N N A T R A T B J
W E S C S Z T W P N F A
Y P A Y P T C D A O T B
R E M I S O A L I R P F
S T A G E I R I S V D L
D I D R J L T N L E Z O
I T U I O E S E E H T R
A I O D I Z B S Y C U A
L V S T O D A K L O P L
P E Z B O H E M I A N K
T S A R T N O C O S B L
D M P F S E P I R T S H
```

Damask   Floral   Toile   Repetitive Contrast

Lines   Grid   Tartan   Bohemian Chevron

Polkadot Plaid   Stripes   Abstract Paisley

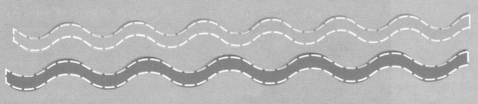

Mammals

```
K X B U L L P A N D A R
B C V O Z U N Z H C E Y
S U A W N F O Z K V D I
R P G M L S S L A E I Y
C T M O E A I E E T A J
O C W Y F L B R A N H G
W X A R E G I T R A T J
F K V T W W M L B H D R
J L E W H H H K E P Y P
K N X F P C B A Z E Q H
O T G N O I L R L L J B
G D D U R W H V Y E Q E
```

Cow   Wolf   Panda   Ox   Elephant

Bull   Zebra   Beaver   Lion   Whale

Yak   Deer   Camel   Tiger   Bison

Dessert

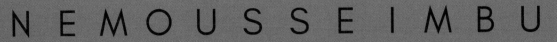

```
N E M O U S S E I M B U
C A M O M C O O K I E F
U D Z W T C A N N O L I
P N E G D U F R X C G Z
C U P P E L F I R T Q A
A S C H E E S E C A K E
K M A E R C E C I C O U
E I P E L P P A S A T D
K O F R U I T C A K E P
A B P U D D I N G E N S
H S J Y F L V O C R Q A
S W R C Y R T S A P O R
```

Apple pie	Sundae	Cookie	Pastry	Fruitcake
Pudding	Mousse	Trifle	Shake	Ice cream
Cupcake	Fudge	Cake	Cannoli	Cheesecake

Writing

A C O N T E N T R Y R Q
T Y N G X P O S A E D I
E E R K K O I E Z O M G
T V G O L M T R T A V E
L S A R T N C F A U T R
A B A L A S I K Y D A A
C W G R U T F O D I M P
I Z U R T A Q O O E R M
T I N T E N T I O N O O
I P V W Y G O E M C F C
R M E D I A G C L E L T
C K S F T C A P M I J K

Ideas	Format	Critical	Fiction	Audience
Mood	Impact	Intention	Target	Content
Story	Media	Evaluate	Contrast	Compare

Photography

```
Y E M O O Z E F L X H R
E S B F D G D E A I W E
H P D M S S O R U P B R
A A I A N H M U N L H U
C L G R E U T T A Z L S
Y E I G L T S R M P A O
S M T O G T R E Y N C P
J I A T I E U P R C I X
N T L S P R B A M R T E
V N V I H S A L F V P T
T W Y H H F O C U S O H
C A M E R A X L I G H T
```

Optical   Light   Histogram   Camera   Manual

Lens   Flash   Time-lapse   Exposure   Focus

Shutter   Zoom   Burst mode   Aperture   Digital

Nuts and Seeds

C J Y O S E R W Q D P T
V P C I N J T O N E O D
X R A H F A F A A E P A
L H S C S L C N D S P L
P E H A U Q U E O X Y M
W M E T M T U J P A K O
A P W S K C W I Y L Z N
L W P I H H G G N F K D
N C X P E I M G W O J S
U H K E M A S E S B A O
T U N R A D E C Q W M V
B S T U N E N I P E B Y

Quinoa	Cashew	Peanut	Poppy	Flaxseed
Hemp	Pinenut	Pecan	Walnut	Cedarnut
Date	Sesame	Chia	Almonds	Pistachio

Spices

```
T O N C U M I N U B B M
V R S O P A S S I R A H
D E A R M A R T Q L S H
R G F G O A R E L U I V
A A F A M R N S P A L W
T N R R A D Z N L P S S
S O O L D K E E I E E K
U B N I R L E Z V C Y P
M T L C A H D L S O A Y
F U S N C A F D Y Y L H
E U U R E D N A I R O C
S W D Y B T H Y M E K E
```

Cumin	Basil	Cardamom	Pepper	Harissa
Thyme	Clove	Coriander	Parsley	Oregano
Salt	Garlic	Cinnamon	Saffron	Mustard

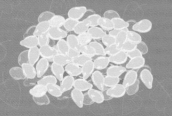

Post Office

```
L S W Q L D T W M L Y S
V S X I J F E N N J T P
F E O K L A K M A A O D
J R B S O R C O M S I E
J D R O E R A P T L L L
M D E T B Z P B S O Y I
A A T Q D T O J O T U V
I E T V R X R G P S Q E
L P E Z A L T S O P T R
A H L E C R A P J N E Y
J M R E I R U O C V K O
X Y U K E P O L E V N E
```

Parcel   Post   Postman   Envelope   Delivery

Courier   Slots   Postbox   Address   Stamp

Letter   Mail   Letterbox   Packet   Card

Museums

```
A R T Y V V D O U C H Y
N M F R X G C U W A D J
L C D E R A F K J V T M
N O I T I B I H X E A S
M I N T G U I D E M B E
D N O O K J B O E A L Z
I W S P P O T S O N E R
S Y A A R T E F A C T U
P R U R Y M M U M F S O
L U R T R O M A N M P T
A G P W A G L B H G D I
Y N H N A I R O T C I V
```

Coin	Roman	Tablets	Exhibition	Artefact
Pots	Display	Victorian	Dinosaur	Guide
Tour	Pottery	Mummy	Caveman	Art

Maths

```
C Z Q A R B E G L A G H
X N Q I W J L A T O T J
P D I V I D E D N U C Y
O T A S F P D A U M R F
N N V U C R S M O T K A
O E E B Z O U C E X X C
I C R T P B M M K Q Q T
T R A R Q L O P D D J O
C E G A L E E L A C S R
A P E C G M R U D S Y U
R C B T Z S T Q D D S S
F E M U L T I P L Y D A
```

Add	Scale	Sum	Algebra	Geometry
Divide	Average	Total	Compass	Problems
Fraction	Subtract	Factor	Percent	Multiply

Measurements

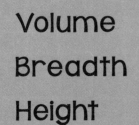

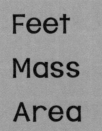

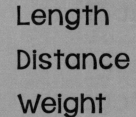

M K D C P G K W D B F Z
W A I F J O W V D X E H
O R S H P K U I S L E G
U I T S T B R N D G T E
Q Q A W H D B E D T G M
H L N T G U A S L S H U
E H C C I S R E L U F L
C P E T E J S E R B R O
N X I I W I N H E B A V
U Z I N G G N H M Y E P
O N I Y T H E C S Y R Q
Y P G H K M T W H X A V

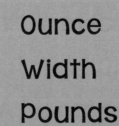

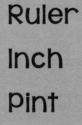

Volume	Feet	Ruler	Ounce	Length
Breadth	Mass	Inch	Width	Distance
Height	Area	Pint	Pounds	Weight

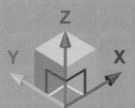

Newspaper

```
N O I T I D E Q S O T B
N D O J N O S S H Q K D
Q X I Y R H T D P K O E
G E N Z E C Y L A N T I
S D T E T G P C R O Q F
C N E L R A N O G O L I
I I R C O E E L O T A S
M Z V I P G W U T R F S
O J I T E A S M O A G A
C T E R R P H N H C L L
B P W A N O I T P A C C
E D I T O R I A L J O W
```

Cartoon	News	Index	Classified	Edition
Caption	ADs	Column	Reporter	Editorial
Page	Photo	Article	Interview	Comics

Military

```
K L C Y Z F G L Y E R C
H O A R C A R R I E R E
N R M E F B M O B R Y N
O X P C K N L J R A B A
P O C I C E M W L Q J V
A I T F A R C R I A V Y
E E G F T C O N V O Y E
W S E O T J A T Z L T U
T E G R A T P V X X U C
V H M X S T R A W S D S
O K B X U N I F O R M E
U L W D G A R M Y Q N R
```

Army	Convoy	War	Aircraft	Navy
Rescue	Bomb	Duty	Carrier	Target
Attack	Officer	Camp	Weapon	Uniform

Workshop

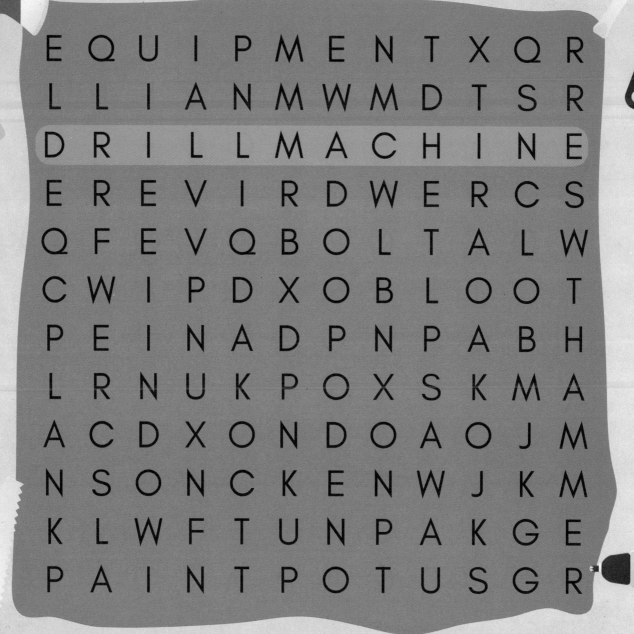

```
E Q U I P M E N T X Q R
L L I A N M W M D T S R
D R I L L M A C H I N E
E R E V I R D W E R C S
Q F E V Q B O L T A L W
C W I P D X O B L O O T
P E I N A D P N P A B H
L R N U K P O X S K M A
A C D X O N D O A O J M
N S O N C K E N W J K M
K L W F T U N P A K G E
P A I N T P O T U S G R
```

Screwdriver   Nail   Hammer   Nut   Equipment

Sandpaper   Bolt   Paintpot   Wood   Penknife

Drill machine   Saw   Toolbox   Screw   Plank

Driving

M S H R Z F V S L B D X
B F P Y S T E E R F Q H
B K G G S A F E T Y D C
P R U V T L E E H W K T
P T A B G Z A H T Q O U
S O E K N V I U F E R L
Q L L L E D R D U N E C
T L D I B H B Q E A V Y
T S C I G V A R L L I O
W F K N D H G A C U R F
L E J P A S T C A E D G
W Z Z C U Y I S K R P Z

Clutch	Wheel	Bike	Car	Seat belt
Brake	Safety	Lane	GPS	Airbag
Steer	Lights	Toll	Fuel	Driver

Banking

```
P B F O R E I G N D T S
O A F E C N A L A B W A
T N K O O B S S A P P V
N K N Y C B D L T D L I
U E I E C E I I Y R K N
O R O N P S F P G A Z G
C M C O Q I M D N C Z S
C R S M W A R D H T I W
A I C E U Q E H C I X I
T U I Q A O I L Z B U M
C U R R E N T O J E M M
L D R O P B O X R D X L
```

Money	Slip	Foreign	Account	Savings
Balance	Coin	Banker	Dropbox	Debit
Current	Cheque	Deposit 	Withdraw	Passbook

Gadgets

```
Z C A S I N Q W R C V Y
E A D G D O P I V K R P
L M E N O I O Z O S O Z
I E N V P D T O H T T H
B R O Z I A P E M E A T
O A H R U R A F J L L I
M L P G C D L O R B U S
S C O M P U T E R A C Z
N X V H B Z M F W T L H
E N O H P R A E D E A T
T N A M K L A W B V C J
E V I R D D R A H G D U
```

Computer	VCR	Mobile	Hard drive	Tablet
Walkman	DVD	Phone	Calculator	Camera
Earphone	iPod	Radio	Headphone	Laptop

Baby words

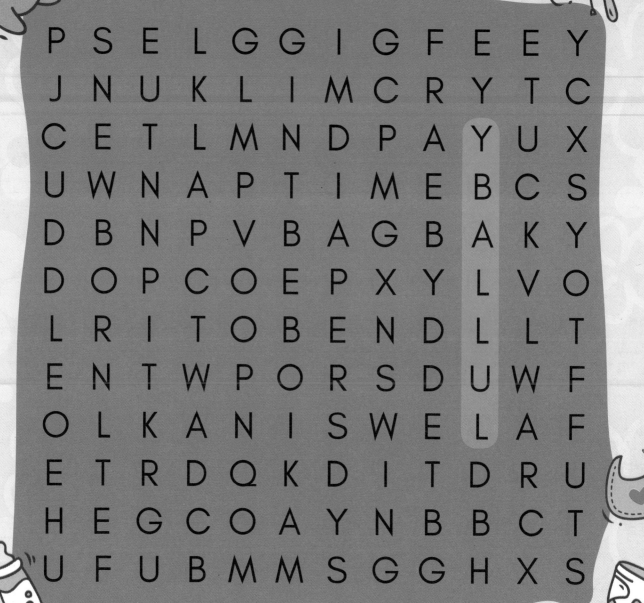

P S E L G G I G F E E Y
J N U K L I M C R Y T C
C E T L M N D P A Y U X
U W N A P T I M E B C S
D B N P V B A G B A K Y
D O P C O E P X Y L V O
L R I T O B E N D L L T
E N T W P O R S D U W F
O L K A N I S W E L A F
E T R D Q K D I T D R U
H E G C O A Y N B B C T
U F U B M M S G G H X S

Coos	Milk	Lullaby	Crawl	Teddy Bear
Cry	Swing	Diapers	Giggle	Stuff Toys
Cute	Cuddle	Naptime	Bottle	Newborn

Farming

W R O L K L D Z S D D F
A V S T A O N F C K L A
R S V R H E C A S F H L
T S K C U R T K D E N E
S N N O I T A G I R R I
H R U R O T C A R T A W
X H T L L I W N O I B P
H O R S E S O O L L W E
K L T K L I O S L E A E
B J P A S T U R E P N H
N I R F F W A T E R V S
H O G S D E L T T A C H

Straw   Sheep   Hogs   Trucks   Water
Tractor   Oats   Soil   Fertile   Pasture
Horses   Plow   Barn   Cattle   Irrigation

Dry Fruits

```
C A S H E W X N M E V T
C X G I F N A F S P Q O
S I S A J Z R L E U A C
S E I L U L E A T O T I
C T Q M T E C X A L U R
R T U O U S A S D A N P
A U J N N I N E S T T A
I N M D L N U E H N S F
S O M R E A T D X A E D
I C C N T S W S Q C H O
N O P S E N U R P Q C S
L C D U B Z W W C R D L
```

Almond	Fig	Prunes	Chestnut	Flaxseed
Apricot	Dates	Raisin	Betel nut	Cantaloupe
Coconut	Anise	Cashew	Walnut	Areca nut

Fibres

```
B N M O H A I R D T S V
A E J X S W D A M A S K
F E L T Z A X T P O L F
T J S N A E L R O M G J
X M C Z X R P P H U M A
B A C A T E M N A U R L
A D D A C N E L S C E U
I R P T L T I L A P A C
Z A A Y T I I H E C I J
E S D I U N C R C Z E A
E I N Z M I C O J J S V
B G M I N E D S L R Z R
```

Alpaca	Lace	Madras	Mohair	Baize
Calico	Baft	Chintz	Netting	Crepe
Damask	Felt	Denim	Orleans	Muslin

Economics

```
O P K K M J S U P P L Y
T D R E M U S N O C G P
B G I V M H T W O R G N
B Z N A I X R A M V L L
L A R U T L U C I R G A
V F D P J O R C I M J C
O A N A R C H I S T M I
R G N A X E L P M O C T
C R H D E M A N D L U I
A E X W E A L T H S T L
M E J I S L A M I C X O
U N L A B O R H G X U P
```

Consumer Macro Micro Demand Marxian

Anarchist Growth Labor Islamic Political

Complex Supply Green Wealth Agricultural

Science

```
A L L A C I M E H C C G
S I S E H T O P Y H B T
T F S C I S Y H P T N Y
R E L K S A L F N E Y G
O O C E L L D E M P G O
N Y R T S I M E H C O L
O D P V E I L X F I L O
M E H Q R E H E A D O I
Y B G E N E T I C S E B
Y S P X R E K A E B G Y
Q X M O L E C U L E L L
E Y N A T O B F K R A J
```

Beaker   Chemical   Astronomy   Flask   Chemistry

Physics   Genetics   Hypothesis   Cell   Element

Biology   Geology   Experiment   Botany   Molecule

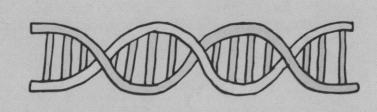
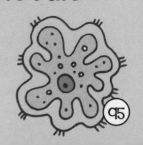

Communication

```
W R R R E I R U O C G P I
T N E M E C N U O N N A
A D L Y O M I B J I L Y
M M T K A V D X Y D J B
A I E L J R R B A R T R
R H L E R A P P U O R A
G L E T G W O L J C O I
E I P T E T I E E E P L
L A H E B P L A S R E L
E M O R G N I D A E R E
T E N S L A N G U A G E
K N E M N M H C E E P S
```

Letters   Email   Telegram   Speech   Telephone

Report   Seo   Language   Reading   Recording

Plead   Prayer   Courier   Braille   Announcement

Philosophy

```
D Q F A L L A C Y D F S
U S C E P T I C N A H G
E V A D A N O M V S S O
R R O U S S E A U I D N
F S U T A N O C J E Z T
A L I E N A T I O N Z O
M E M P I R I C I S M L
J P M S I L A E D I Y O
D I A L E C T I C G Q G
S C I H T E E M Y Y V Y
G A I T C O G N I T O S
E L T O T S I R A R O O
```

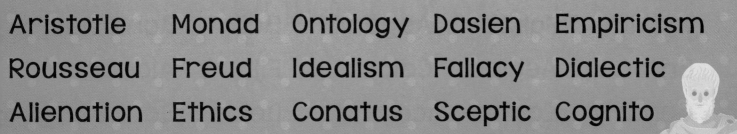

Aristotle Monad Ontology Dasien Empiricism
Rousseau Freud Idealism Fallacy Dialectic
Alienation Ethics Conatus Sceptic Cognito

Island

```
G N U I C B I A N N A C
W D L F A J A C H I L L
B A O T I M N H W N I S
B A K F C M Z F A C X X
T E T E O N E A E M S J
A G I O S C N L A G A O
E E N Y N U A S S B R S
G A D R W N G T T O B A
I N E A D M Y E E D A T
N X L N K K S R R I D Q
A L O A B M K P Y K L W
K V S C G M R F G A A V
```

Achill   Falster   Aegean   Bali   Bahamas
Baton   Aegina   Caicos   Fiji   Aldabra
Canary   Easter   Iceland   Delos   Canna

Lakes

```
Y U G V G W U L A R A Y
F V E O D A V A R X N K
N S N L U A R Q H R I J
C J E T X L C D X I T X
Z N V A C O R A A U S B
B O A X Q H L C C B U O
L T T D A C D A P T A G
Y A X A C I A S K G I V
W L Y L I P H P U I H T
P A O P L A C I D U A C
Y B T O W A D A U G K B
O V K K N U F N R R K R
```

Chad   Buir   Balaton   Geneva   Caspian

Dal   Garda   Pichola   Austin   Towada

Volta   Wular   Placid   Baikal   Titcaca

Mining

```
N L E R O N O R I Y A B
V V T X G P U P K C A G
E H J G C V H C C S A T
I Z I M Z A L R O B N A
N K A P J A V S R E E V
L E L T Y S T A M O E A
S M A I F I S E T I B L
E S O Z S I C L N E V L
A R C O V P A A L Y Y O
M E P E Y T C Q A I X R
F E E D E R S U F G R Q
D F F M Q X M R Y I U D
```

Cement   Clay   Iron ore   Drill   Metal

Abrasive   Rock   Feeders   Lava   Vein

Deposits   Coal   Excavate   Reef   Seam

Minerals

```
Z B Y R U C R E M I Z A
K J J I P Y R I T E Z E
S D Y D N O M A I D T S
H H A L I D E S G I Y E
T C A L C I T E T O H T
E N I V I L O A Q W H A
N E N I L A M R U O T C
R B W J R E D L O G B I
A L K X H E B L C M E L
G Q K E T I C U R B R I
A R E V L I S D H M Y S
E T I H P A R G N O L F
```

Silver   Gold   Mercury   Graphite   Tourmaline

Pyrite   Calcite   Halides   Olivine   Silicates

Beryl   Garnet   Brucite   Diamond   Hematites

Reptiles

```
L A I A V A G C O B R A
Y E L T R U T X O B J D
K I N G C O B R A U P C
G A O E R E P I V L E X
A E R U X P F T L L L Y
A L L I G A T O R S I R
I T T I G U A N A N D P
C R A D N O C A N A O Y
N U N X A D D E R K C T
R T Z E A F G Z W E O H
P C H A M E L E O N R O
V A B M A M P Q P N C N
```

Adder   Turtle   Iguana   Alligator   Bullsnake

Mamba   Python   Gavaial   Box Turtle   Chameleon

Viper   Cobra   Anaconda   Crocodile   King Cobra

102

Rock

```
L D R T S I H C S E E M
S I S K I H E E F T N H
C B M L L P L Q O I R O
O P T E T A A O M L A R
R W R T S R H H A U K N
I Y E I T T S C R C S F
A B H C O S O P B A D E
K A C A N W D N L V E L
U S E D E C Q Z E O Q S
A A S X D A O N T N T S
M L A P I S L A Z U L I
C T B V M R U F L E F Y
```

Basalt	Shale	Schist	Marble	Limestone
Chert	Dacite	Coal	Siltstone	Lapis Lazuli
Scoria	Skarn	Chalk	Hornfels	Novaculite

Living room

```
C P O X R N I A T R U C
O U W N O Q A H L A M P
N T S E T X F F Y L R H
H E D H A F P Y T F Y O
N L Y Q I S P T H R I T
A E V A D O R A D I O O
F P A F A F N B P D B F
H H S C R A D L K G U R
P O E J A Q F E N E A A
O N O I S I V E L E T M
G E R E P A P S W E N E
N L E T E P R A C M F K
```

Fridge	Fan	Cushion	Television	Radio
Table	Sofa	Carpet	Telephone	Photo frame
Vase	Lamp	Curtain	Radiator	Newspaper

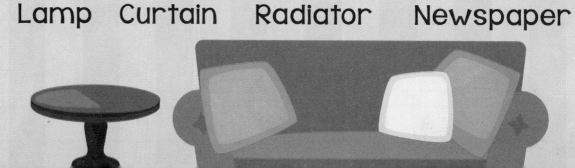

History

E	E	R	A	J	G	N	I	G	G	I	D
R	R	J	A	Y	P	D	V	C	L	I	N
U	U	E	H	R	Q	E	L	O	T	O	O
T	T	V	E	T	T	V	Y	L	B	W	I
N	L	I	V	N	N	E	R	D	N	Q	T
E	U	H	E	U	E	L	A	W	R	D	N
V	C	C	N	O	I	O	D	A	E	Y	E
D	F	R	T	C	C	P	N	R	V	N	V
A	T	A	S	K	N	M	U	Q	O	A	N
I	Q	P	P	M	A	E	O	V	G	S	I
D	D	Y	K	S	J	N	B	T	P	T	Q
E	U	H	E	R	I	T	A	G	E	Y	C

Archive	Culture	Digging	Invention	Era
Govern	Dynasty	Country	Boundary	Development
Events	Heritage	Ancient	Cold war	Adventure

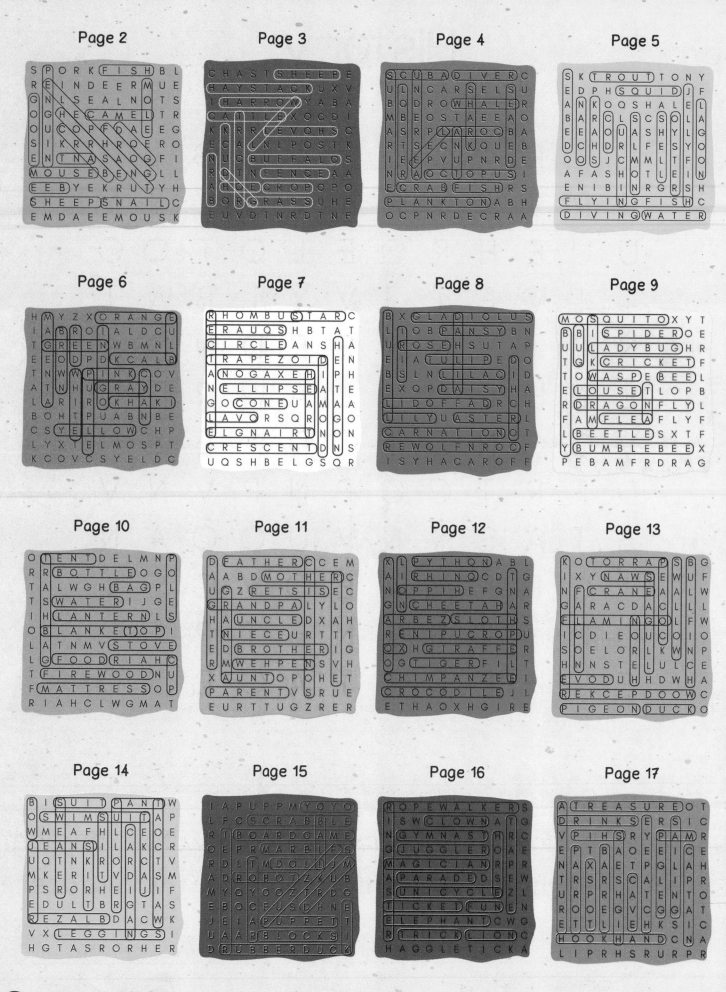

Page 2

S	P	O	R	K	F	I	S	H	B	L
R	E	I	N	D	E	E	R	M	U	E
G	N	L	S	E	A	L	N	O	T	S
O	G	H	E	C	A	M	E	L	R	S
U	C	O	P	F	D	A	E	F	O	R
S	I	K	R	R	H	R	O	E	U	E
E	N	T	N	A	S	A	O	G	F	S
M	O	U	S	E	B	E	N	G	L	E
E	E	B	Y	E	K	R	U	T	U	Y
S	H	E	E	P	S	N	A	I	L	C
E	M	D	A	E	E	M	O	U	S	K

Page 3

C	H	A	S	T	S	H	E	E	P	E
H	A	Y	S	T	A	C	K	U	X	V
I	H	A	R	R	O	W	Y	A	B	A
C	A	T	T	L	E	X	O	C	D	I
K	K	R	R	I	E	V	O	H	S	O
E	C	A	L	N	L	P	O	S	T	K
N	U	C	B	U	F	F	A	L	O	S
R	D	T	N	F	E	N	C	E	A	A
A	H	D	E	C	R	O	P	O	P	O
B	O	R	G	R	A	S	S	U	H	E
E	U	V	D	T	N	R	D	T	N	F

Page 4

S	C	U	B	A	D	I	V	E	R	C
U	L	N	C	A	R	S	E	L	S	U
B	O	D	R	O	W	H	A	L	E	D
M	B	E	O	S	T	A	E	E	A	O
A	R	P	L	A	R	O	C	A	B	A
R	I	S	E	C	N	K	O	U	E	D
I	E	E	P	V	U	P	N	R	D	E
N	R	A	O	C	T	O	P	U	S	I
E	C	R	A	B	F	I	S	H	R	S
P	L	A	N	K	T	O	N	A	B	H
O	C	P	N	R	D	E	C	R	A	A

Page 5

S	K	T	R	O	U	T	T	O	N	Y
E	D	P	H	S	Q	U	I	D	J	E
A	N	A	K	O	Q	S	H	A	L	F
B	E	E	K	O	C	L	S	C	S	L
E	C	D	R	A	U	R	L	U	O	A
O	H	R	A	C	L	U	R	Y	S	G
O	A	F	D	H	F	M	M	S	T	O
A	F	A	S	H	O	T	L	L	E	N
E	N	I	B	I	N	R	G	R	R	H
F	L	Y	I	N	G	F	I	S	H	C
D	I	V	I	N	G	W	A	T	E	R

Page 6

H	M	Y	Z	X	O	R	A	N	G	E
I	A	B	R	O	I	A	L	D	C	U
T	G	R	E	E	N	W	B	M	N	L
E	E	O	D	P	D	K	C	A	L	B
T	N	W	W	P	I	N	K	C	O	V
A	T	N	H	U	G	R	A	Y	D	E
L	A	R	I	R	O	K	H	A	K	I
B	O	H	T	P	U	A	B	N	B	E
C	S	Y	E	L	L	O	W	C	H	P
L	Y	X	T	E	L	M	O	S	P	T
K	C	O	V	C	S	Y	E	L	D	C

Page 7

R	H	O	M	B	U	S	T	A	R	C
E	R	A	U	Q	S	H	B	T	A	T
C	I	R	C	L	E	A	N	S	H	A
T	R	A	P	E	Z	O	I	D	E	N
A	N	O	G	A	X	E	H	I	P	H
G	O	C	O	N	E	U	A	M	T	E
N	E	L	L	I	P	S	E	A	A	A
I	L	A	V	O	R	S	Q	R	G	O
E	L	G	N	A	I	R	T	O	O	N
C	R	E	S	C	E	N	T	N	D	S
U	Q	S	H	B	E	L	G	S	Q	R

Page 8

B	X	G	L	A	D	I	O	L	U	S
U	I	O	B	P	A	N	S	Y	B	N
R	O	S	E	H	S	U	T	A	P	A
E	I	A	T	U	L	I	P	E	D	O
B	S	L	N	L	I	L	A	C	I	D
E	X	O	P	D	A	I	S	Y	H	A
L	I	D	O	F	F	A	D	R	C	H
L	I	L	Y	U	A	S	T	E	R	L
C	A	R	N	A	T	I	O	N	O	L
R	E	W	O	L	F	N	R	O	C	L
I	S	Y	H	A	C	A	R	O	F	F

Page 9

M	O	S	Q	U	I	T	O	X	Y	T
B	B	I	S	P	I	D	E	R	O	E
U	U	G	K	C	R	I	C	K	E	T
T	T	O	W	A	S	P	E	B	E	E
T	T	L	O	U	S	E	T	L	O	P
E	E	D	R	A	G	O	N	F	L	Y
R	R	F	A	M	F	L	E	A	F	L
F	F	L	B	E	E	T	L	E	S	X
L	L	Y	B	U	M	B	L	E	B	E
Y	Y	P	E	B	A	M	F	R	D	R

Page 10

O	T	E	N	T	D	E	L	M	N	P
R	R	B	O	T	T	L	E	O	G	O
T	A	L	W	G	H	B	A	G	P	L
T	S	W	A	T	E	R	I	J	G	E
I	H	L	A	N	T	E	R	N	L	S
O	B	L	A	N	K	E	T	O	P	I
L	A	T	N	M	V	S	T	O	V	E
L	G	F	O	O	D	R	I	A	H	C
T	F	I	R	E	W	O	O	D	N	U
F	M	A	T	T	R	E	S	S	O	P
R	I	A	H	C	L	W	G	M	A	T

Page 11

D	F	E	A	T	H	E	R	C	C	E
A	A	B	D	M	O	T	H	E	R	M
U	G	Z	R	E	T	S	I	S	E	C
G	R	A	N	D	P	A	L	Y	L	O
H	A	U	N	C	L	E	D	X	A	T
T	N	I	E	C	E	U	R	T	I	T
E	D	B	R	O	T	H	E	R	L	H
R	M	W	E	H	P	E	N	S	V	E
X	A	U	N	T	O	P	O	H	E	T
P	A	R	E	N	T	V	S	R	U	E
E	U	R	T	T	U	G	Z	R	E	R

Page 12

K	L	P	Y	T	H	O	N	A	B	L
A	R	H	I	N	O	C	D	T	A	S
N	O	P	P	I	H	E	F	G	N	A
G	C	H	E	E	T	A	H	A	R	R
A	R	B	E	Z	S	L	O	T	H	E
R	E	N	I	P	U	C	R	O	P	O
O	X	H	G	I	R	A	F	F	E	L
O	G	T	I	G	E	R	F	I	L	T
C	H	I	M	P	A	N	Z	E	E	L
C	R	O	C	O	D	I	L	E	J	L
E	T	H	A	O	X	H	G	I	R	E

Page 13

K	O	T	O	R	R	A	P	B	G
I	X	Y	N	A	W	S	B	U	F
N	F	C	R	A	N	E	A	L	W
G	A	R	A	C	D	A	C	L	L
I	C	D	I	E	O	U	C	O	I
S	O	E	L	O	R	L	K	W	N
H	N	N	S	T	E	L	U	L	C
E	V	O	D	U	H	H	D	W	H
R	E	K	C	E	P	D	O	O	W
P	I	G	E	O	N	D	U	C	K

Page 14

B	I	S	U	I	T	P	A	N	T	W
O	S	W	I	M	S	U	I	T	A	P
W	M	E	A	F	H	L	C	E	O	E
J	E	A	N	S	I	L	A	K	C	R
U	Q	T	N	K	R	O	R	C	T	V
M	K	E	R	I	T	V	D	A	S	M
P	S	R	O	R	H	E	I	I	J	F
E	D	U	L	T	B	R	G	T	A	S
R	E	Z	A	L	B	D	A	C	W	K
V	X	L	E	G	G	I	N	G	S	I
H	G	T	A	S	R	O	R	H	E	R

Page 15

I	A	P	U	P	P	M	Y	O	Y	O
L	F	C	S	C	R	A	B	B	L	E
R	E	T	B	O	A	R	D	G	A	M	E
O	E	P	R	M	A	R	B	L	E	S
R	D	L	T	M	D	O	L	L	J	M
D	R	O	B	O	T	Z	K	U	B
M	Y	Q	Y	O	O	Z	T	R	D	G
E	B	Q	C	E	U	S	D	H	N	E
J	E	I	A	I	P	U	P	P	E	T
U	A	A	R	B	L	O	C	K	S	I
D	R	U	B	B	E	R	D	U	C	K

Page 16

R	O	P	E	W	A	L	K	E	R	S
I	S	W	C	L	O	W	N	A	T	G
N	G	Y	M	N	A	S	T	H	R	C
J	U	G	G	L	E	R	O	A	E	P
M	A	G	I	C	I	A	N	R	R	W
A	P	A	R	A	D	E	D	S	E	W
S	U	N	I	C	Y	C	L	E	Z	L
T	I	C	K	E	T	E	U	N	E	H
E	L	E	P	H	A	N	T	C	W	G
R	T	R	I	C	K	L	I	O	N	C
H	A	G	G	L	E	T	I	C	K	A

Page 17

A	T	R	E	A	S	U	R	E	O	T
D	R	I	N	K	S	E	R	S	I	C
V	P	I	H	S	R	Y	P	A	M	R
E	P	T	B	A	O	E	E	I	C	E
N	A	X	S	I	R	H	A	T	G	H
T	R	R	S	C	A	L	I	E	N	R
U	O	O	E	G	V	C	G	G	I	O
R	O	T	I	L	L	I	E	H	T	C
E	T	E	G	V	H	S	R	U	R	A
H	O	O	K	H	A	N	D	C	N	H
L	I	P	R	H	S	R	U	R	P	R

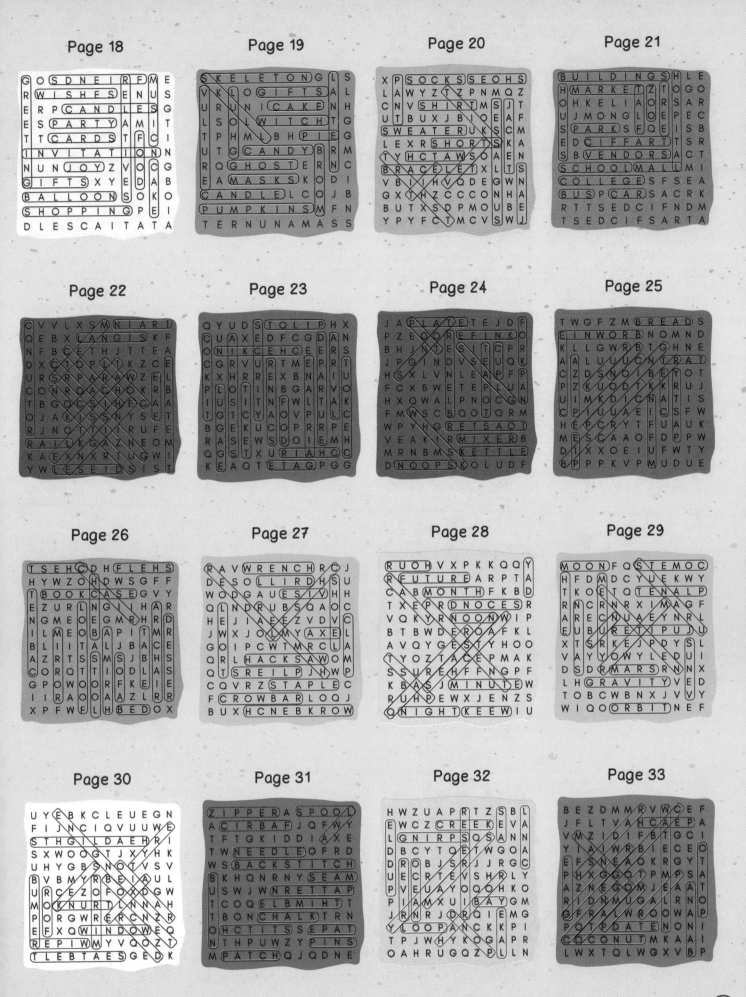

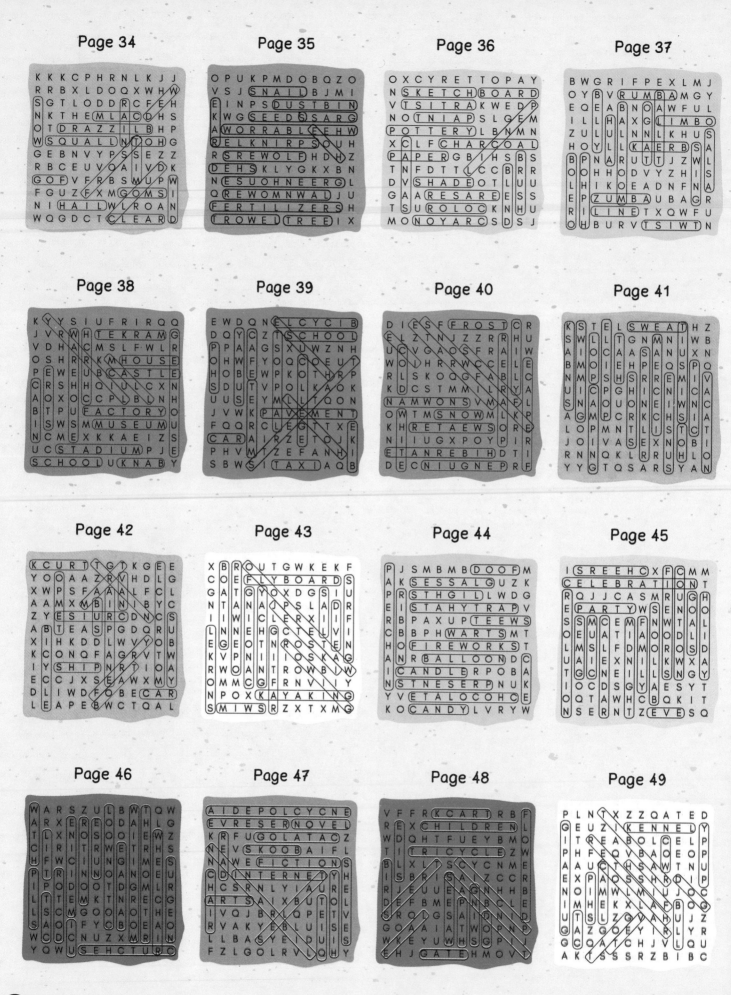

Page 34

Page 35

Page 36

Page 37

Page 38

Page 39

Page 40

Page 41

Page 42

Page 43

Page 44

Page 45

Page 46

Page 47

Page 48

Page 49

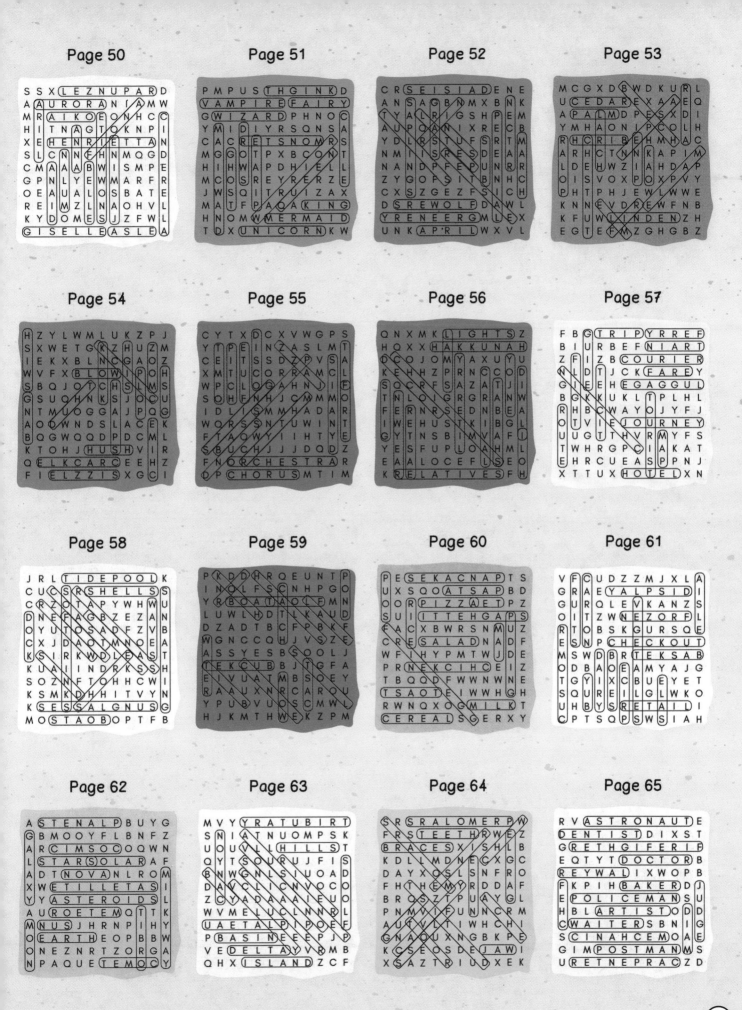

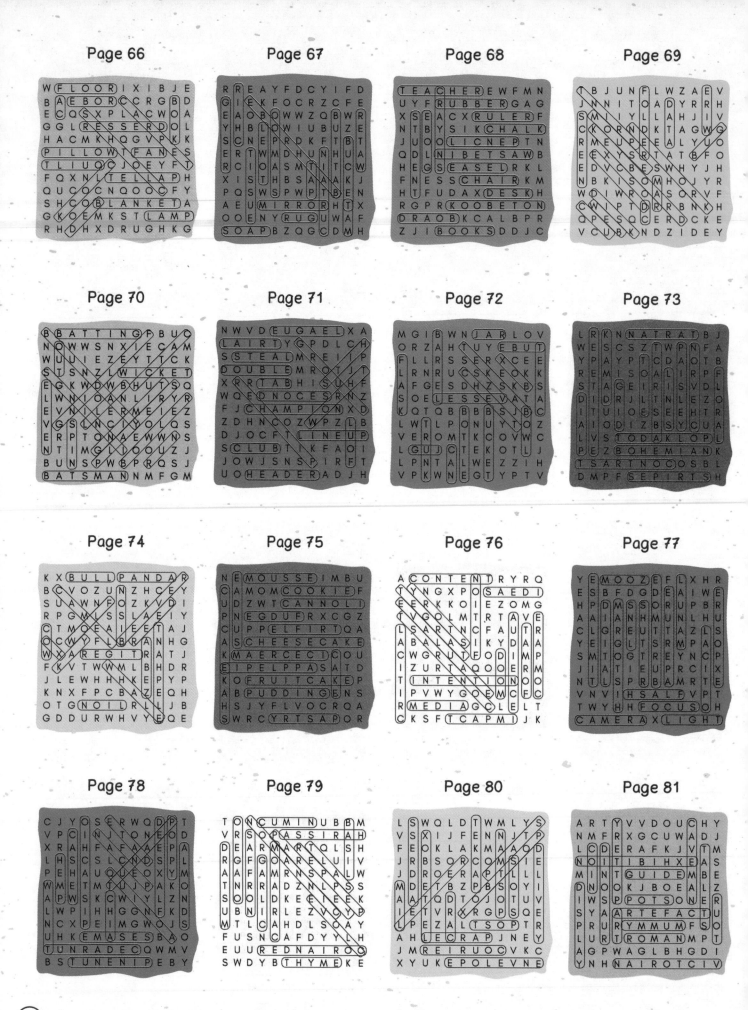

Page 66

Page 67

Page 68

Page 69

Page 70

Page 71

Page 72

Page 73

Page 74

Page 75

Page 76

Page 77

Page 78

Page 79

Page 80

Page 81

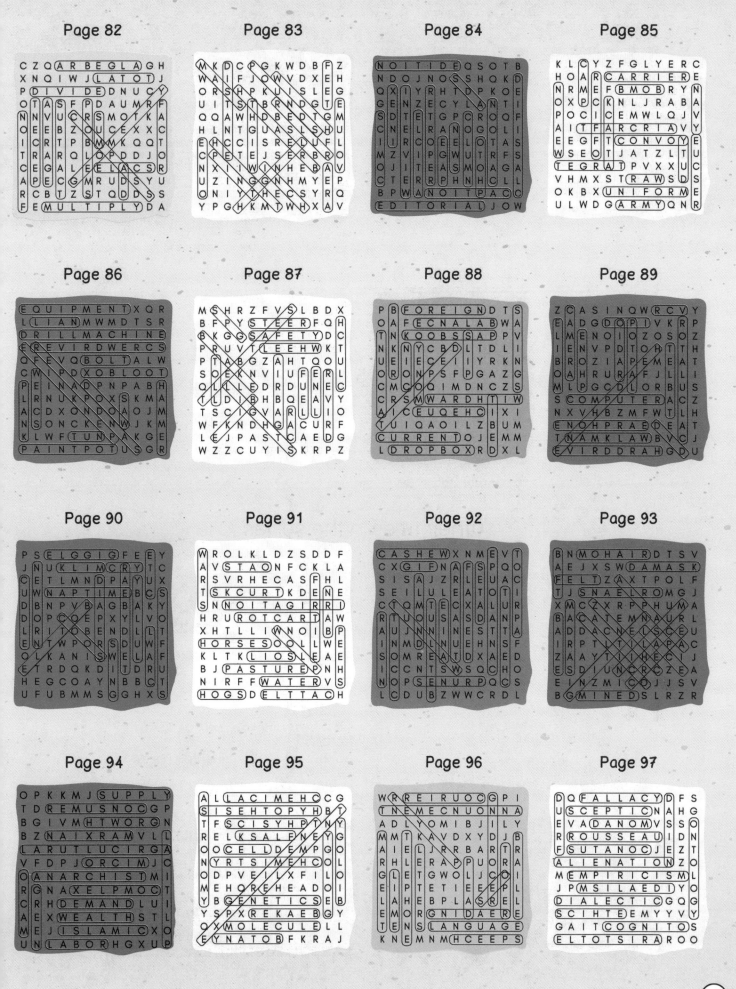

Page 98

Page 99

Page 100

Page 101

Page 102

Page 103

Page 104
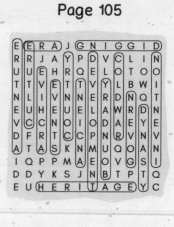

Page 105

Other titles in the series